# ME ENCANTA COMER FRUTAS Y VERDURAS

Por Shelley Admont
Ilustrado por Sonal Goyal y Sumit Sakhuja

Copyright©2015 by Inna Nusinsky Shmuilov
www.sachildrensbooks.com

All rights reserved. No part of this book may be reproduced in any form or by any electronic or mechanical means, including information storage and retrieval systems, without written permission from the publisher or author, except in the case of a reviewer, who may quote brief passages embodied in critical articles or in a review.

Todos los derechos reservados. Ninguna parte de este libro se puede utilizar o reproducir de cualquier forma sin el permiso escrito y firmado de la autora, excepto en el caso de citas breves incluidas en reseñas o artículos críticos.

First edition, 2015

Traducción al inglés de Laura Bastons Compta
Translated from English by Laura Bastons Compta

I Love to Eat Fruits and Vegetables (Spanish Edition)/ Shelley Admont
ISBN: 978-1-926432-533 paperback
ISBN: 978-1-77268-434-6 hardcover
ISBN:978-1-926432-540 eBook

Although the author and the publisher have made every effort to ensure the accuracy and completeness of information contained in this book, we assume no responsibility for errors , inaccuracies, omission, inconsistency, or consequences from such information.

*Para aquellos a los que más quiero - S.A.*

**Faltaba una hora para la comida. Jimmy, el pequeño conejito, estaba jugando con sus dos hermanos mayores.**

**—Tengo ganas de comer algo dulce — dijo Jimmy de repente—. Puede que mamá tenga una piruleta o un poquito de chocolate con pasas para nosotros.**

**—No podemos comer caramelos antes de comer —dijo el hermano mayor—. Sabes que no podemos, Jimmy.**

— De todos modos, es mejor comer manzanas o uvas —continuó el hermano mediano—. También son dulces y sabrosas.

— ¡Bah!, no me apetece comer fruta —dijo Jimmy, y añadió susurrando —: ¿Pero, adivinad qué? Vi a mamá comprar unos caramelos ayer y los escondió en el armario de la cocina. Voy a coger algunos, ¿queréis?

—Yo no —respondió el hermano mayor—. Estoy seguro que mamá nos dará un caramelo después de la comida.

—Yo tampoco quiero —contestó el hermano mediano.

Los dos hermanos mayores volvieron con sus juguetes. Jimmy, lentamente, se dirigió a la cocina. Abandonó la habitación y miró a su alrededor para asegurarse que nadie estaba mirando.

Cuando llegó a la cocina, la mesa ya estaba preparada para la comida. Cada conejo tenía su propio plato. El hermano mayor tenía un plato azul y el mediano uno verde. El plato de color naranja era para Jimmy.

En el centro de la mesa, había un gran cuenco lleno de verduras frescas. Había pepinos, zanahorias, tomates, pimientos rojos y amarillos, y un poquito de repollo.

A continuación, se dirigió hacia el armario donde había visto a su mamá poner la bolsa de caramelos, pero estaba muy alto y Jimmy no podía llegar.

«Necesito algo donde subirme» —pensó Jimmy, mirando a su alrededor.

Cogió una de las sillas y la acercó al armario. Se subió, ¡pero todavía no llegaba a la repisa!

Jimmy bajó y volvió a mirar a su alrededor. Esta vez cogió una olla grande y vacía, y la volcó. Puso la olla sobre la silla y se subió sobre ella.

Ahora, ya podía alcanzar a ver la repisa más alta. En la esquina más lejana de la repisa, había una gran bolsa... ¡llena de caramelos! Pero...todavía no podía alcanzarlos. Necesitaba ser tan sólo un poquito más alto.

*«¿Qué más puedo usar?»* —pensó Jimmy mientras se bajaba de la silla. Vio el libro de recetas de su madre y, mientras lo cogía, exclamó contento y muy emocionado—: ¡Esto es exactamente lo que necesito!

Puso el libro de recetas encima de la olla y subió lentamente. Ahora era capaz de tocar la repisa.

Pero, mientras Jimmy cogía la bolsa de caramelos, la silla empezó a balancearse. Jimmy perdió el equilibrio y cayó al suelo.

La olla cayó a su lado provocando un gran estruendo. El libro de cocina vino después y aterrizó en la cabeza del pequeño Jimmy.

— ¡Ay, eso me dolió! —gritó Jimmy y empezó a sentirse un poco mareado.

De repente, algo extraño sucedió. Mientras Jimmy miraba hacia arriba, al armario, parecía como si éste se hiciera más y más alto. Intentó levantarse pero se mareó aún más y volvió a sentarse.

En ese momento, sus dos hermanos entraron en la cocina.

— ¿Qué ha sido ese ruido? —preguntaron—. Y, ¿dónde está Jimmy?

— ¡Estoy aquí! —gritó Jimmy agitando su mano. Pero había algo diferente en Jimmy. Se había vuelto muy pequeño.

— ¿Jimmy, cómo te has hecho tan minúsculo? —preguntó su hermano mediano.

Sólo después, Jimmy entendió por qué todo parecía tan grande. ¡Se había vuelto tan pequeño como un ratón!

—No lo sé —dijo Jimmy llorando—. Sólo subí para coger caramelos y después me caí. ¡Ahora soy diminuto!

— ¿Intentabas coger caramelos? ¡Puede que sea por eso que te has hecho tan pequeño! —exclamó el hermano mediano.

—¡Oh, no! ¿Seré así de pequeño para siempre? —gritó Jimmy, mientras empezaba a llorar muy fuerte exclamando—: ¿Qué voy a hacer?

—No llores —dijo el hermano mayor—, ya se nos ocurrirá algo, limpiemos este desastre antes de que llegue mamá.

Justo cuando los hermanos acababan de poner cada cosa en su sitio, la madre de Jimmy entró en la cocina.

—Bien, estáis aquí. Comeremos pronto. ¿Dónde está Jimmy?

Jimmy se escondió detrás de sus hermanos escuchando cada palabra.

—Ay, Ay... —tartamudeó el hermano mediano mientras pensaba qué decir.

Pero el hermano mayor era más hábil.

— ¿Mamá, podemos preguntarte una cosa? —preguntó—. Si alguien quiere crecer muy rápido y ser muy alto, grande y fuerte... ¿qué necesita hacer?

—Tiene que asegurarse de comer mucha fruta y verdura —contestó su madre. Contienen muchas vitaminas y minerales que ayudan al cuerpo a crecer más rápido.

—Tengo una idea —susurró el hermano mayor en voz baja.

— ¡Gracias, mamá! —dijo en alto.

—Ahora sentaros y yo avisaré a papá y a Jimmy —dijo su madre mientras salía de la cocina.

El hermano mayor se giró hacia Jimmy.

— ¡Deprisa! Tienes que comer tus frutas y verduras para que puedas crecer rápido.

— ¡De ningún modo! —gritó Jimmy—. ¡No me gustan las frutas y verduras!

— ¿Quieres quedarte así para siempre? —preguntó el hermano mediano.

— ¡Claro que no! —respondió Jimmy.

—Pues, entonces, come algunas verduras —dijo el hermano mayor—, puede que te gusten.

El hermano, rápidamente, cogió una zanahoria del plato que estaba encima de la mesa y la empujó en la boca de Jimmy.

—Mmmm... Esto está dulce y hasta sabroso —dijo Jimmy mientras masticaba la zanahoria con sus blancos dientes.

De repente, sintió una extraña sensación de estremecimiento por todo su cuerpo, era como magia. Sus piernas se hicieron fuertes e, incluso, parecía un poco más alto.

— ¡Mira Jimmy! ¡Has crecido un poquito! —gritó su hermano mayor, muy contento.

—Ten, ¡come algo más! —añadió su hermano mediano, mientras le daba a Jimmy un jugoso pepino que estaba en el cuenco.

Jimmy lo cogió, rápidamente, y empezó a comer una vez más. Con cada bocado sentía como su cuerpo se hiciera más y más fuerte. ¡Estaba creciendo!

—¡Dame más! —gritó Jimmy con entusiasmo—. ¡Está funcionando!

Al final, Jimmy se comió un poco de repollo, un tomate, un pimiento rojo y uno amarillo y, como postre, se comió una jugosa pera.

—Jimmy, ¡por fin vuelves a ser tú! —gritó su hermano mayor y fue a abrazarlo.
El hermano mediano también lo abrazó.

— ¿Cómo te sientes ahora? —preguntó el hermano mediano.

—Me siento bien y lleno de energía —respondió Jimmy—. Y, ¿sabes qué? Esas frutas y verduras estaban muy sabrosas. ¡Debería haberlas probado antes!

Los tres hermanos empezaron a reír y saltar.

Unos minutos después, los padres de Jimmy entraron en la cocina.

—Bien, estáis aquí —dijo papá.

—Estoy muy contenta de que todos estéis de tan buen humor —continuó mamá—. ¡Qué manera más maravillosa de empezar a comer! ¡No olvidéis lavaros las manos!

Toda la familia se sentó a la mesa y empezaron a comer las cosas sabrosas que había sobre ella. Incluso Jimmy se terminó todo el plato.

Desde ese día, a Jimmy le gusta comerse toda su fruta y verdura.

A veces, todavía come algún que otro caramelo, pero sólo unos pocos y después de sus comidas.